AF369914

3 Juin 1885.

V

ÉTUDE DE Me **COULON**, Commissaire-Priseur
Rue du Faubourg-Montmartre, 56

CATALOGUE

DE

MEUBLES ANCIENS

Louis XV et Louis XVI ornés de bronzes

BELLES CHASUBLES

DU XVIe SIÈCLE

VELOURS BRODÉS EN FIN

ORFÉVRERIE ANCIENNE

TABLEAUX, MINIATURES

BRILLANTS, BIJOUX, MONTRES ANCIENNES

BRONZES ANCIENS ET MODERNES

TAPISSERIES, ÉTOFFES

Porcelaines et Faïences anciennes, Émaux

GRÈS

MOBILIER PERSONNEL

DONT LA VENTE AURA LIEU

HOTEL DROUOT, SALLE N° 6

Les Mercredi 3, Jeudi 4 et Vendredi 5 Juin 1885

Par le ministère de Me **COULON**, Commissaire-Priseur,
rue du Faubourg-Montmartre, 56,
Assisté de **M. ANCEL OPPENHEIM**, Expert, rue Le Peletier, 19.

EXPOSITION PUBLIQUE

Le Mardi 2 Juin 1885, de deux heures à cinq heures

PARIS — 1885

Vve RENOU et MAULDE

IMPRIMEURS DE LA COMPAGNIE DES COMMISSAIRES-PRISEURS

Rue de Rivoli, 144

ÉTUDE DE Me **COULON**, Commissaire-Priseur
Rue du Faubourg-Montmartre, 56

CATALOGUE

DE

MEUBLES ANCIENS

Louis XV et Louis XVI ornés de bronzes

BELLES CHASUBLES

DU XVIe SIÈCLE

VELOURS BRODÉS EN FIN

ORFÉVRERIE ANCIENNE

TABLEAUX, MINIATURES

BRILLANTS, BIJOUX, MONTRES ANCIENNES

BRONZES ANCIENS ET MODERNES

TAPISSERIES, ÉTOFFES

Porcelaines et Faïences anciennes, Émaux

GRÈS

MOBILIER PERSONNEL

DONT LA VENTE AURA LIEU

HOTEL DROUOT, SALLE N° 6

Les Mercredi 3, Jeudi 4 et Vendredi 5 Juin 1885

Par le ministère de Me **COULON**, Commissaire-Priseur,
rue du Faubourg-Montmartre, 56,
Assisté de **M. Ancel OPPENHEIM**, Expert, rue Le Peletier, 19.

EXPOSITION PUBLIQUE

Le Mardi 2 Juin 1885, de deux heures à cinq heures.

PARIS — 1885

CONDITIONS DE LA VENTE

———

Elle sera faite au comptant.

Les Acquéreurs paieront CINQ POUR CENT en sus des enchères, applicables aux frais.

L'Exposition mettant le Public à même de se rendre compte de l'état des Objets, il ne sera admis aucune réclamation une fois l'adjudication prononcée.

DESIGNATION

MEUBLES ANCIENS

1 — Belle Commode cintrée Louis XV, laquée, garnie
de bronzes, dessus en marbre.

2 — Bureau dos d'âne laqué, garni de bronze, Louis
XV.

3 — Vitrine en bois noir et marqueterie.

4 — Six beaux Bois de fauteuil Louis XVI, en bois
finement sculpté.

5 — Petite Table en bois de violette, à pieds contour-
nés, galerie cuivre, couverte en étoffe rouge.

6 — Table de nuit Louis XV en bois rose et bronze.

7 — Meuble d'appui en chêne sculpté.

8 — Vitrine en bois noir et cuivres.

9 — Six Bois de chaises sculptés, divers (Sera divisé).

10 — Deux Chaises basses, couvertes en moleskine.

11 — Petit Bureau-Écran en bois de citronnier, garni
de bronzes.

12 — Deux belles Gaines en bois noir et marbres
richement garnies de bronze doré.

13 — Cabinet italien en bois noir marqueté.

14 — Deux Fauteuils Louis XV en bois sculpté, fond
canné.

15 — Fauteuil en bois sculpté, couvert en tapisserie.

16 — Fauteuil en bois sculpté, Louis XVI.

17 — Guéridon en acajou sculpté et son tapis.

18 — Banquette en chêne sculpté, couverte en reps imitant la tapisserie.

19 — Chaise Louis XV en bois sculpté, cannée.

20 — Bureau en acajou et cuivres.

21 — Bureau Louis XV en noyer sculpté.

22 — Beau Bois de lit en marqueterie, garni de bronzes avec ses accessoires, couvert en damas de soie.

23 — Support en bois sculpté.

24 — Secrétaire carré, garni de bronzes Empire.

25 — Secrétaire Louis XV en bois de rose, marqueterie et bronzes.

26 — Secrétaire Louis XVI en bois de rose et marqueterie.

27 — Chiffonnier en bois de rose, marqueterie et bronzes.

28 — Table carrée à ouvrage Louis XVI, en marqueterie et bois de rose.

29 — Bureau dos d'âne, marqueterie et bronzes.

30 — Coffre en bois sculpté et son pied, style Renaissance.

31 — Traverse en bois sculpté.

32 — Deux Cariatides en bois sculpté.

33 — Horloge en bois sculpté.

34 — Deux Chimères en bois sculpté et doré.

35-36 — Huit Anges en bois sculpté.

CHASUBLES ET ÉTOFFES

37 — Belle Chasuble en velours de Gênes rouge, brodée en fin, xvie siècle.

38 — Belle Chasuble en velours de Gênes vert, brodée en fin, xvie siècle.

39 — Belle Chasuble en soie, brodée en fin, xvie siècle.

40 — Belle Chasuble en soie et velours, brodée en fin, xvie siècle.

41 — Belle Chasuble en velours frappé et brodée en fin xvie siècle.

42 — Belle Chasuble en velours, brodé en fin, xvie siècle.

43 — Belle Chasuble en soie et velours, brodée en fin, xvie siècle.

44 — Chasuble en soie brochée argent.

45 — Bande de soie brochée, argent et velours.

46 — Nappe en soie et velours, brodée en fin, xvie siècle.

47-54 — Huit morceaux d'Étoffe brodée, xvie siècle.

55 — Tapisserie de Beauvais, verdure.

BRONZES

56 — Pendule à cage en bronze doré et deux Coupes.

57 — Pendule à colonnes en marbre blanc et rouge

58 — Pendule en bronze doré (Vénus et l'Amour), Louis XVIII.

59 — Pendule Louis XVI en bronze et marbre.

60 — Pendule Directoire en marbre et bronze.

61 — Pendule Louis XVI en bronze, partie dorée.

62 — Pendule encadrée, poules et coq.

63 — Deux Candélabres Empire, bronze, figurines drapées.

64 — Deux Candélabres en marbre et bronze, Enfants.

65 — Deux Candélabres en bronze, cinq lumières.

66 — Deux Bras-Appliques en bronze, huit lumières.

67 — Deux Candélabres Louis XVI en bronze, branches supportées par des Nymphes en bronze (Clodion).

68 — Deux Candélabres Empire, bronze et marbre, à quatre lumières.

69-70 — Quatre Candélabres en bronze doré : Bergères et Troubadours.

71 — Deux Flambeaux-Cassolettes Louis XVI, en bronze.

72-73 — Deux beaux et grands Vases en bronze : Médicis.

74-75 — Deux magnifiques Bustes en bronze, d'après l'antique.

76 — Christ en bronze.

77 — Deux Plaques en bronze : Noces de Pelée.

78 — Statuette en bronze : Pénélope.

79 — Statuette en bronze : Enfant.

80 — Statuette en bronze.

81 — Statuette équestre en bronze, Marc-Aurèle, Renaissance.

82 — Statuette en bronze : Enfant.

83 — Chandelier.

84 — Statuette en zinc, Statuette en grès.

———

ORFÉVRERIE

85 — Cadre avec plaques en argent repoussé.

86 — Cafetière Louis XVI en argent ciselé.

87 — Deux Flambeaux Louis XV en argent.

88 — Ciboire en argent gravé doré.

89 — Vase Louis XVI en argent et son pied.

90 — Ciboire en argent et émail, XVe siècle.

91 — Vase d'argent repoussé, pesant 805 grammes.

92-93 — Deux Légumiers en argent, pesant 3,320 grammes.

94 — Poignée d'épée en argent, Louis XVI.

95 — Deux Couverts d'argent, pesant 237 grammes.

96 — Poche en argent.

97 — Deux Boucles en argent et strass.

98-99 — Deux pièces : Boîte et Tasse à déguster.

MINIATURES, BOITES, BIJOUX
ÉMAUX

100 — Miniature encadrée par Rousseau, de 1821.

101 — Miniature encadrée : Madame Élisabeth.

102 — Miniature encadrée : Nymphes.

103 — Miniature grisaille.

104 — Un Émail et deux Miniatures.

105 — Boîte en ivoire avec deux miniatures.

106 — Boîte pierre et mosaïque de Rome, Louis XVI.

107 — Boîte en écaille piquée or.

108-109 — Jumelle en ivoire et Boîte piquée d'or.

110 — Boîte en laque.

111 — Boîte avec miniature.

112 — Boîte avec miniature.

113 — Boîte avec miniature : Louis XIV.

114 — Boîte avec miniature, d'après Caresme.

115 — Boîte avec médaillon : Maurice de Saxe.

116 — Boîte incrustée or.

117 — Boîte en nacre.

118 — Médaillon en ivoire sculpté et Boîte.

119 — Deux Boîtes en ivoire sculpté.

120 — Dessus de Boîte en ivoire sculpté, cadre en velours et cuivre.

121 — Montre en or émaillé et jargons.

122 — Montre à remontoir en or, avec chiffre en relief orné de diamants et de roses.

123 — Montre en cuivre doré.

124 — Montre à sonnerie.

125-126 — Chaîne de gilet en or et platine, avec un médaillon en or et fer à cheval, formé de roses.

127 — Bague en or, montée de deux grosses roses, formant cœur, entourées de brillants et de petites roses.

128 — Bague en or, montée d'une améthyste entourée de roses.

129 — Quatre Boutons de chemise, or et brillants.

130 — Bracelet en argent, 36 diamants.

131 — Lot de Débris de corail.

132 — Lot de faux Bijoux.

133 — Émail de Laudun.

134 — Coupe en émail de Venise bleu.

135 — Émail sur or : Raphaël.

GRÈS

136 — Choppe en grès émaillé, XVIe siècle.

137 — Choppe en grès émaillé, XVIe siècle.

138 — Bas-relief en faïence de Nuremberg.

139 — Moos en grès émaillé.

PORCELAINES ET FAIENCES

140 — Statuette en porcelaine peinte.

141-142 — Deux Perroquets en ancienne porcelaine de Chine.

143-144 — Buste en faïence, Jardinière en faïence, Encrier en faïence.

145 — Panier en porcelaine bleue, garni de bronzes.

146 — Deux Lampes en porcelaine de Chine, montées en bronze.

147-149 — Six Assiettes et Plats en faïences diverses.

150-155 — Vingt Pièces en porcelaine de l'Inde.

156 — Vase en porcelaine bleue, monté en bronze.

157 — Deux Appliques de chapelle en fer et porcelaine de Saxe.

158-159 — Deux beaux Plats en porcelaine du Japon rouge et bleu.

160-161 — Deux Vases en faïence d'Urbino.

162-165 — Trois Bouteilles et deux Vases en faïence de Delft.

166 — Deux Vases en porcelaine du Japon.

167 — Coupe en porcelaine et bronze.

168-175 — Seize Pièces en porcelaines diverses.

176-177 — Un Vase et une Figurine en porcelaine de Saxe.

178 — Trois Pièces en porcelaine : Flacon en verre.

179 — Support en faïence de Rouen.

BIBELOTS DIVERS

180 — Pierre de touche chinoise.

181 — Vingt pièces : Couverts et Couteaux argentés.

182 — Débris de Suspension en cuivre et faïence.

183 — Groupe en terre cuite.

184 — Sept Pièces diverses.

185 — Deux Couteaux, manches en cuivre. xviie siècle.

186 — Quatre Couteaux, manches en nacre.

187 — Réchaud en cuivre.

188 — Modèle de Colonnes en bois sculpté.

189 — Deux Glaces Louis XVI, cadres en bois sculpté.

190 — Miroir en marbre et émail.

TABLEAUX ET GRAVURES

191 — **Monticelli** (Signé). Bon Tableau sur toile, encadré.

191 — Le Concert. Cadre en bois sculpté.

192-195 — Quatre Dessus de porte, sur toile. École de Boucher.

195-200 — Huit Trumeaux Louis XVI en bois peint.

201 — **École française**. Tête de jeune fille. Encadré.

202 — Deux Grisailles.

203 — **École espagnole.** Cadre architectural en bois doré, petit tableau.

204 — Doux Serments, sur toile, encadré.

205 — La Mort d'un héros. Gouache encadrée.

206 — Paysage. Gouache encadrée.

207-209 — Trois petits Tableaux.

210 — Lot de Gravures.

211 — Lot de Débris, une Balance et ses Poids.

212 — Sous ce numéro, les Objets omis au catalogue.

———

MOBILIER PERSONNEL

Meubles en noyer, Linge, Literie, Garde-robe d'homme.

Ve Renou et Maulde, imprimeurs de la Compagnie des Commissaires-Priseurs
rue de Rivoli, 144.   300—57570

www.ingramcontent.com/pod-product-compliance
Lightning Source LLC
LaVergne TN
LVHW021923180726
843502LV00008B/3231